Paris
1905

Picavet, François

Deux directions de la théologie et de l'exégèse catholiques au XIII è siècle : Saint Thomas d'Aquin et Roger Bacon

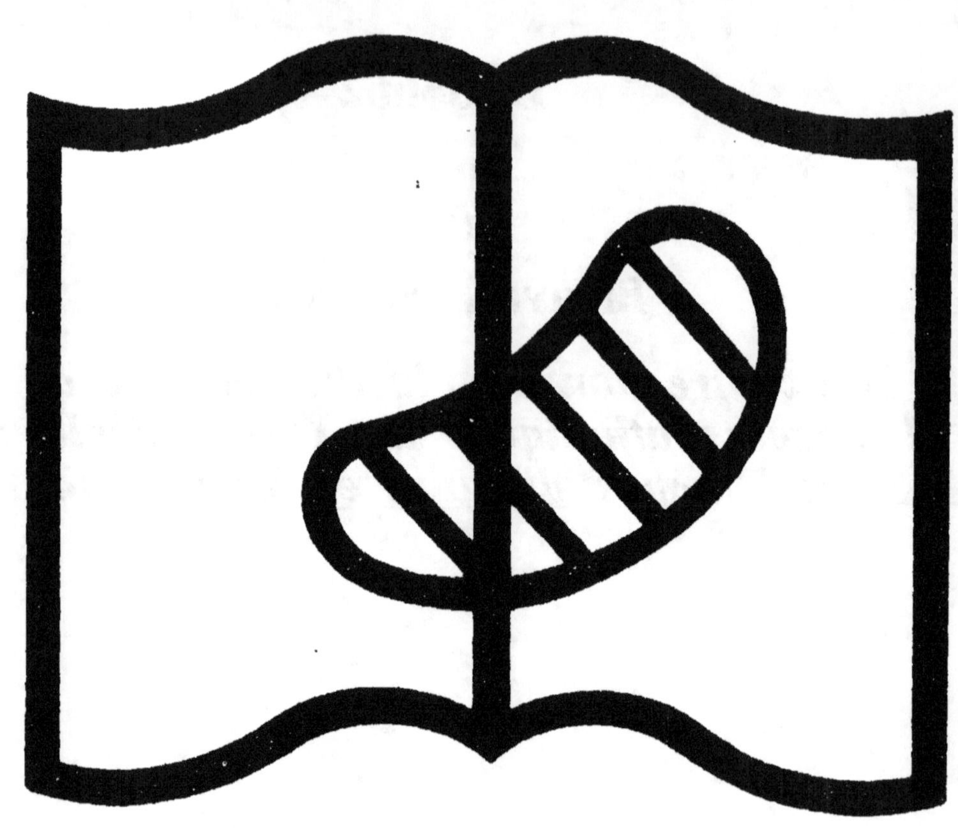

**Symbole applicable
pour tout, ou partie
des documents microfilmés**

Original illisible

NF Z 43-120-10

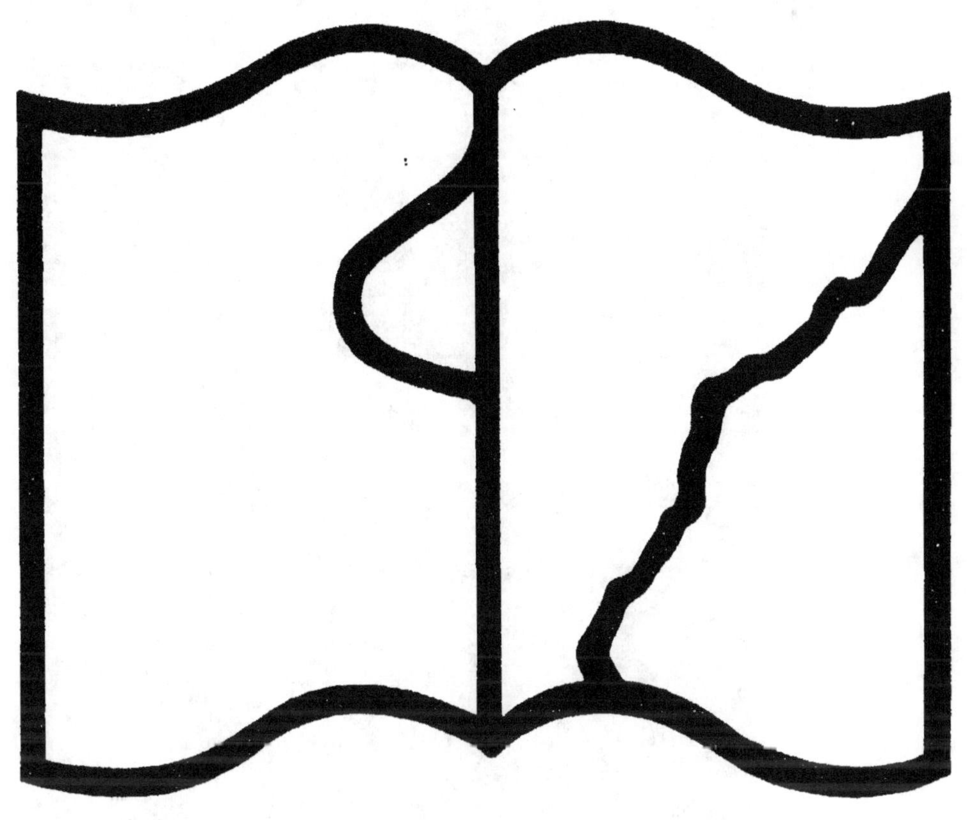

Symbole applicable
pour tout, ou partie
des documents microfilmés

Texte détérioré — reliure défectueuse

NF Z 43-120-11

ANNALES DU MUSÉE GUIMET

REVUE

DE

L'HISTOIRE DES RELIGIONS

PUBLIÉE SOUS LA DIRECTION DE

M. JEAN RÉVILLE

AVEC LE CONCOURS DE

MM. E. AMÉLINEAU, AUG. AUDOLLENT, A. BARTH, R. BASSET, A. BOUCHÉ-
LECLERCQ, J.-B. CHABOT, E. CHAVANNES, P. DECHARME, E. DE FAYE,
G. FOUCART, A. FOUCHER, COMTE GOBLET D'ALVIELLA, I. GOLDZIHER,
L. LÉGER, ISRAËL LÉVI, SYLVAIN LÉVI, G. MASPERO, ED. MONTET,
F. PICAVET, C. PIEPENBRING, ALBERT RÉVILLE, M. REVON, J. TOUTAIN, ETC.

Secrétaire de la Rédaction : M. Paul ALPHANDÉRY.

FR. PICAVET

DEUX DIRECTIONS
DE LA THÉOLOGIE ET DE L'EXÉGÈSE CATHOLIQUES
AU XIIIᵉ SIÈCLE
Saint Thomas d'Aquin et Roger Bacon

PARIS
ERNEST LEROUX, ÉDITEUR
28, RUE BONAPARTE (VIᵉ)
—
1905

DEUX DIRECTIONS

DE LA THÉOLOGIE ET DE L'EXÉGÈSE CATHOLIQUES

AU XIIIe SIÈCLE

SAINT THOMAS D'AQUIN ET ROGER BACON

Une *Somme de théologie*, au XIIe et au XIIIe siècle traite de Dieu et de la Trinité, des anges, de l'homme et des sacrements. Son objet essentiel, c'est de faire connaître le monde intelligible ou divin, comme les moyens par lesquels le chrétien peut s'en rapprocher dans cette vie et y entrer dans l'autre.

Au XIIe siècle, Abélard a esquissé, au XIIIe, Alexandre de Halès a donné, sous sa forme complète, la méthode employée pour rassembler les matériaux, pour en préparer et en opérer la synthèse, pour en ordonner la distribution[1].

C'est avec Albert le Grand et surtout avec S. Thomas d'Aquin que la théologie s'est constituée d'une façon définitive en ses grandes lignes, dans les directions indiquées par les papes et suivies par les fidèles.

1

L'œuvre de S. Thomas constitue un tout indivisible. Ses

[1] Voyez Denifle, *Die Sentenzen Abälards, und die Bearbeitungen seiner Theologia vor Mitte des 12 Jahrhunderts* (Archiv f. Litteratur und Kirchengeschiche des Mittelaters, I, p. 618, sqq.); Endres, *Ueber den Ursprung und die Entwicklung der scholastischen Lehrmethode,* Ph. Jahrbuch II, 1; François Picavet, *Abélard et Alexandre de Halès, créateurs de la méthode scolastique,* Bibl. de l'École des Hautes-Études, 5e section, vol. VII. Paris, Leroux; *Esquisse d'une histoire générale et comparée des philosophies médiévales,* Paris, Alcan, 1905.

Commentaires sur Aristote, ses ouvrages philosophiques font entrer dans le catholicisme toute la doctrine positive d'Aristote, toute la métaphysique néo-platonicienne, telle qu'elle lui est arrivée par les Grecs, les Arabes et les Juifs, par des écrits authentiques ou apocryphes.

Ainsi construite, cette philosophie devient, pour la théologie, une *vassale* qui défend avec son chef les anciens territoires et en conquiert de nouveaux, une servante qui marche devant elle pour porter le flambeau et l'éclairer. Aussi la *Somme de théologie* fait-elle une place considérable à Aristote, à Averroès et à tous les autres philosophes étudiés par lui et par ses contemporains. Les *Commentaires* sur les *Sentences* de Pierre Lombard, qui se rapprochent de la *Somme de théologie*, à tel point que celle-ci apparaissait à Launoy comme l'œuvre d'un frère prêcheur s'inspirant surtout de ceux-là, occupent cinq ou six fois plus d'espace que le travail même auquel ils s'ajoutent. Ils manifestent clairement ainsi l'accroissement que la théologie a pris en moins d'un siècle et comment il s'est produit; car, sur la nature divine, sur les êtres créés, anges et hommes, sur l'incarnation, les vertus et les vices, sur les sacrements et les fins dernières de l'homme, ils font un appel incessant à la raison et au bon sens, qu'ils interrogent eux-mêmes ou par l'intermédiaire des philosophes, des Latins que connaissent ses prédécesseurs, mais aussi d'Aristote, d'Avicenne, d'Averroès et de Maimonide.

La philosophie et la théologie de S. Thomas sont complétées par un Commentaire des livres saints qui constitue, pour l'histoire, une synthèse analogue. La *Catena aurea*, avec des textes ou des idées empruntés aux Pères et aux Docteurs, relie les quatre Évangiles, de manière à ce qu'ils puissent être tenus pour l'œuvre d'un seul maître, *historia unius doctoris*. L'interprétation allégorique et l'interprétation morale se modifient et s'étendent dans les mêmes proportions que les doctrines théologiques et philosophiques. Dans le *Psautier* et le *Symbole*, dans l'*Oraison dominicale* et dans le *Décalogue*, dans le *Livre de Job* et dans l'*Épître aux Romains* se trouve en germe tout ce que développe la *Somme de théologie* ; ainsi le Psautier nous découvre, selon S. Thomas, tout ce qu'il faut savoir de la création, du gouvernement de l'univers, de la rédemption du genre humain, de la gloire des élus, de tous les mystères de Jésus-Christ.

En somme l'œuvre, philosophique, exégétique et théologique de S. Thomas est une vaste synthèse qui coordonne, embrasse et enchaîne, par une raison exercée à l'étude des philosophes, tous les résultats alors connus de l'observation interne et externe, non seulement tout ce qui est dans l'Ancien et le Nouveau Testament, chez les Pères et les Docteurs, mais encore ce qui vient des savants et des philosophes, grecs, arabes et juifs. Comme toutes les synthèses qui se sont produites antérieurement dans le monde chrétien, elle se rattache surtout au Plotinisme[1]. Mais son auteur et ceux qui l'acceptent ne laissent nullement supposer — et ne pensent peut-être pas eux-mêmes — qu'il y aura lieu d'utiliser, pour une synthèse nouvelle, des résultats acquis par une expérience ultérieure.

Or, du xiii° au xv° siècle, les sciences et la philosophie furent plus en recul qu'en progrès : aucune synthèse ne fut possible qui aurait dépassé et condamné à l'oubli celle de S. Thomas. Aussi, pour combattre la Réforme, les catholiques se rattachèrent étroitement au thomisme. La *Somme de théologie* leur fournit, au concile de Trente, des réponses qui parurent complètes et concluantes, à toutes les questions qu'on se posait alors. De même elle servit à rédiger le catéchisme qui n'a pas cessé d'être en vigueur dans l'Église catholique.

En conséquence, on demanda au thomisme, qui donnait aux théologiens tout ce qui leur était nécessaire pour se satisfaire et combattre leurs adversaires, la direction scientifique et philosophique qui complétait ou préparait la vie religieuse et morale.

---

1) *Esquisse d'une histoire générale et comparée des philosophies médiévales,* ch. v et ch. viii.

Au début du xvii° siècle, les Universités et les Jésuites ne reconnaissent plus pour maître que l'Aristote catholicisé par S. Thomas. L'autorité séculière ne laisse pas plus de liberté : si l'Inquisition condamne Giordano Bruno, le Parlement de Toulouse fait périr Vanini, celui de Paris décrète, en 1624, la peine de mort contre quiconque enseignera quelque chose de contraire à la doctrine d'Aristote. Dans les écoles, on répète que le soleil tourne autour de la terre, que les cieux sont incorruptibles, que l'éther se meut en cercle, que les corps périssables vont en ligne droite vers le haut ou vers le bas.

Et cependant, par des observations et des expériences dont chacun peut vérifier la conduite et les résultats, Newton, Leibnitz et Huyghens, Torricelli, Descartes et Pascal, Rœmer et Harvey, Malpighi, Leuwenhoek, Swammerdam, Ruisch, Spallanzani, Lyonnet et tant d'autres ruinent la physique et l'astronomie péripatéticiennes. Ils jettent les fondements d'une science et d'une philosophie qui nous donnent du monde sensible une conception infiniment plus précise, plus complète et plus nette, qui peuvent diriger à elles seules notre vie individuelle et sociale ou tout au moins nous obligent à modifier le monde intelligible, constitué par Plotin et, après lui, par les chrétiens en harmonie avec les données positives, à leur époque, des sciences mathématiques, physiques, naturelles et psychologiques.

De même avec Spinoza, avec Richard Simon, avec bien d'autres encore, qui conservaient souvent toutes leurs croyances, une science nouvelle de l'exégèse faisait son apparition et grandissait au xix° siècle, en même temps que les sciences historiques, dont les progrès ont été tels qu'elles ont rejoint, pour ainsi dire, les sciences physiques et naturelles dont la marche a été si continue et si rapide depuis trois siècles.

Les scolastiques du xvii° et du xviii° siècle ne voulurent pas savoir ce que donnaient et devenaient toutes ces sciences positives. Même les catholiques comme Galilée, Descartes,

Malebranche, Richard Simon, dont l'orthodoxie religieuse n'était guère contestable, furent condamnés ou devinrent suspects à cause de leurs opinions scientifiques, philosophiques ou exégétiques.

Aussi la séparation a-t-elle tendu à se faire plus grande chaque jour entre les savants, les partisans d'une philosophie scientifique et les catholiques qui craignent, en renonçant à certaines doctrines, mêlées au thomisme, de compromettre les doctrines religieuses auxquelles ils entendent rester fidèles.

C'est ce qui a été mis en pleine évidence quand Léon XIII a voulu faire revivre la méthode, autant au moins que le système thomiste ; quand il a conseillé de faire rentrer, dans la synthèse religieuse et philosophique, toutes les connaissances positives, historiques et exégétiques qui se sont accumulées depuis la fin du xvi⁰ siècle, comme S. Thomas avait utilisé, en ce sens, tout ce qui s'était conservé de l'antiquité et des hommes du moyen âge, qui l'avaient précédé. Les difficultés étaient nombreuses. Les maîtres auxquels les catholiques devaient s'adresser étaient de purs savants qui n'avaient aucun souci des croyances de leur Église. Ou bien c'étaient des adversaires qui, tantôt utilisaient les résultats obtenus pour combattre toute affirmation religieuse, tantôt s'en servaient pour établir ou défendre des doctrines adverses. Car les protestants de toute confession ont non seulement essayé de s'approprier, pour les incorporer à leurs croyances, les méthodes et les découvertes nouvelles, mais encore ils ont plus d'une fois collaboré au progrès des unes et à l'augmentation des autres.

N'y avait-il pas dès lors, pour des catholiques, danger de prendre, à tous ces maîtres, avec les données positives dont ils voulaient s'enrichir, des doctrines, hérétiques ou irréligieuses? Des condamnations récentes ont montré qu'il est difficile, sinon impossible, d'opérer un rapprochement complet entre les recherches scientifiques ou philosophiques et les dogmes catholiques qui en furent si longtemps séparés.

En outre, quel croyant, à l'abri de tout soupçon d'hétéro-
doxie, sera capable de rassembler les matériaux, puis de les
unir dans une synthèse qui semble déjà presque au-dessus
des forces humaines quand il ne s'agit que de les lier entre
eux, sans aucune préoccupation religieuse, pour en tirer une
explication rationnelle des choses ?

II

Or, au xiii⁰ siècle, une autre direction avait été indiquée.
Elle eût donné des résultats moins immédiats, mais, à plu-
sieurs reprises dans le passé et peut-être encore aujourd'hui,
elle aurait empêché la séparation entre des hommes égale-
ment, mais différemment religieux ou entre ces hommes et
ceux que préoccupent avant tout les questions scientifiques
et philosophiques dont la solution fournirait, avec la connaissance aussi complète que possible de notre univers, les meil-
leurs moyens de diriger notre vie individuelle et sociale.

C'est Roger Bacon qui aurait pu lancer l'exégèse et la
théologie catholiques dans cette direction toute différente.

En 1265, un ancien secrétaire de saint Louis, devenu
archevêque et cardinal, qui était, comme légat, entré en relations avec Bacon, fut nommé pape sous le nom de Clément IV. Roger Bacon put lui faire tenir une lettre et, en
1266, Clément IV lui prescrivit « nonobstant toute injonction
contraire, de quelque prélat que ce soit, ou toute constitution de son ordre, de lui envoyer au plus vite, nettement
écrit, l'ouvrage dont il lui avait déjà demandé communication
quand il était légat... de s'expliquer, dans ses lettres, sur les
remèdes qu'on doit appliquer à un mal suivant lui si dange-
reux ».

En toute hâte, Roger Bacon composa l'*Opus majus*, dont
le titre indique la place réservée à l'alchimie. Jean, son dis-
ciple bien aimé, qui le porta au pape, était chargé d'instruc-
tions verbales et devait lui en éclaircir les points obscurs.
Peut-être lui offrit-il quelques instruments, en particulier une

lentille de cristal, inventée par Bacon ou par ce maître Pierre dont il fait un si magnifique éloge. Ensuite Roger Bacon envoya au pape l'*Opus minus*, qui revenait sur certaines, idées pour les développer et en mieux montrer l'importance. Enfin il écrivit encore, pour lui, l'*Opus tertium*, « le plus important, le plus étendu, le plus méthodique de tous ses écrits ». Redevenu libre, Roger Bacon espérait répandre ses idées dans le monde chrétien. Mais la mort de Clément IV, en 1268, le laissa sans protecteur. Réuni en chapitre général sous la présidence de Jérôme d'Ascoli, l'ordre des Franciscains condamnait Pierre Jean d'Olive « suspecté de partager les erreurs de Jean de Parme et de l'abbé Joachim », puis Roger Bacon, « maître en théologie », dont il défendait d'embrasser les doctrines, et qu'il faisait jeter en prison. Bacon y demeura, ce semble, jusqu'en 1292. Mis en liberté, il entreprit d'écrire le *Compendium studii theologiæ*. Il mourut à Oxford et ses ouvrages n'eurent pas plus de succès après sa mort que pendant sa vie. Ce sont les progrès des sciences qui, au xvi, au xvii, au xviii et surtout au xix siècle attirèrent l'attention sur Roger Bacon[1]. Et l'on surprend beaucoup, d'ordinaire, ceux auxquels on parle, pour la première fois, de Roger Bacon, comme exégète et théologien.

III

En fait, il y a des raisons de voir en Roger Bacon un ancêtre de nos savants modernes, peut-être même, comme l'ont dit Renan et d'autres, un positiviste avant Auguste Comte. Non seulement il revendique le droit de penser par lui-même et attaque l'autorité en matière scientifique ; il a foi au progrès et combat les opinions du vulgaire ; il préfère l'expérience à l'autorité et au raisonnement ; mais encore il a, comme l'a montré Émile Charles, presque toutes les idées

1) Voir les éditions de Combach, 1614, de Samuel Jebb, 1733, réimprimée à Venise, 1750 ; de Brewer, 1859, de Bridges, 1897-1900, de Nolan, 1902, et la précieuse monographie d'Émile Charles, 1861.

qui ont triomphé à la Renaissance ; il veut qu'on étudie le latin, l'hébreu, le chaldéen, l'arabe et le grec. L'étude des langues facilitera, selon lui, les relations, commerciales et autres, avec les peuples étrangers ; celle des sciences provoquera une foule d'inventions utiles pour les rois et pour les peuples. Aussi on a souvent invoqué son nom pour montrer que les découvertes des modernes, qu'il s'agisse de la guérison des maladies ou de la conservation de la santé, des applications relatives à l'art militaire ou aux diverses industries, ont été préparées ou faites, entrevues ou souhaitées par les hommes du Moyen Age et surtout de ce xiii° siècle, auquel nous devons d'ailleurs les œuvres artistiques les plus remarquables de toute cette période[1].

Si, en outre, l'on considérait en particulier la grammaire et les mathématiques, l'astronomie et la chronologie, la géographie où il a des vues aussi étendues qu'ingénieuses, dont la divulgation ou la conservation a été en bonne partie cause de l'entreprise de Christophe Colomb; la physique, l'histoire naturelle, l'alchimie, l'optique et la perspective, la morale et la politique, l'érudition, littéraire et historique, scientifique et philosophique, on retrouverait, chez Roger Bacon, bien des procédés, des tendances, des préoccupations et des habitudes qui font penser au caractère nettement positif et utilitaire de nos contemporains, surtout peut-être des compatriotes actuels de Roger Bacon, Anglais du vieux pays ou Américains du Nouveau Monde.

IV

Mais si Roger Bacon, comme les savants et les positivistes, demande aux sciences tout ce qu'elles peuvent fournir, pour satisfaire le désir de savoir qu'Aristote prenait déjà pour la caractéristique de l'homme, ou pour améliorer sa condition

---

1) Voir surtout Emile Charles, *Roger Bacon*, 4° partie, et le chap. viii de notre *Esquisse d'une histoire générale et comparée des philosophies médiévales*.

matérielle et morale, il se sépare fort nettement des uns et des autres pour défendre la philosophie, l'exégèse et la théologie, avec les armes mêmes qu'elles lui fournissent.

D'abord Roger Bacon s'adresse à un pape. Il veut lui persuader que l'Église doit s'occuper, avant toutes choses, de l'avancement salutaire des études, parce que si l'on néglige la recherche de la sagesse, on néglige la vertu; parce que, si des hommes qui ont mal étudié — de *studio corrupto* — sont chargés de la direction de l'Église ou des peuples, ils sont cause de grands maux. Et il estime que Alexandre de Halès, Albert le Grand, partant S. Thomas, qui suit l'un et l'autre, ont fait œuvre mauvaise pour l'Église dans laquelle ils ont pris, le second surtout, une place telle, que le Christ lui-même n'a jamais été suivi aussi docilement et aussi respectueusement[1].

En second lieu, l'utilité scientifique, qu'il vante comme un moderne, n'est pour lui au fond qu'une utilité seconde. Avec une vivacité extrême, il attaque ceux qui veulent substituer le droit civil au droit canon, fondé sur les Écritures. Il croit au diable et à l'antéchrist, aux prophéties, aux miracles[2] et aux révélations naturelles. Il y a 40 ans, dit-il dans l'*Opus tertium*, beaucoup de visions et de prophéties ont annoncé la venue d'un pape par qui le droit canonique et l'Église seront purgés des tromperies et des fraudes des juristes; par qui justice sera rendue à tous; sous qui les Grecs reviendront à l'obéissance de l'Église romaine, les Tartares se convertiront, les Sarrasins seront détruits : avec Clément IV, auquel Bacon applique ces théories, il pourra y avoir un seul troupeau, un seul pasteur.

1) Roger Bacon se montre de plus en plus sévère, à mesure que ses chances de succès auprès de la papauté semblent décroître. On peut suivre la progression, de l'*Opus majus* au *Compendium studii theologiæ*, en passant par l'*Opus minus* et l'*Opus tertium*.

2) Voir *Bridges*, III, 123, tout le passage qui ne figure pas dans les éditions antérieures, où s'aperçoit nettement la continuité établie par Bacon entre l'action exercée par Dieu et celle que peuvent exercer les hommes et les astres.

Sans doute Roger Bacon relève les sept péchés capitaux de la théologie de son temps : mais s'il critique, avec âpreté et avec violence, les contemporains qui maculent la théologie de péchés en nombre infini, il défend avec ardeur et conviction, la science de Dieu qui conduit à la vie éternelle. Il ne veut pas que la philosophie domine la théologie, comme cela se produit, selon lui, dans les *Sentences* de Pierre Lombard et dans les *Sommes* de théologie, où l'on trouve une foule de questions purement philosophiques et un mode artificiel d'exposition, utile en philosophie, mais sans rapport avec la théologie. Il ne veut pas non plus qu'à la Faculté de théologie, on préfère le *Liber Sententiarum* à la Bible dont la lecture remplirait toute la vie, ou que le lecteur biblique y soit en infériorité sur le lecteur des *Sentences* qui, parmi les religieux, choisit son heure et habite une chambre à part avec un compagnon.

Ce qu'il voudrait, avant tout, c'est qu'on ne se contentât pas des traductions bibliques dont on fait alors usage ; car elles présentent des contradictions, des interpolations, des faux sens ou des non sens, partant un ensemble d'imperfections qui empêchent l'intelligence exacte et complète du texte. La Vulgate elle-même est loin d'être satisfaisante et les copies, fort différentes, que l'on en rencontre devraient être examinées de près. Sans doute on a essayé tout récemment d'en opérer la recension et de constituer un texte latin. Mais on y a complètement échoué, parce que l'on ignore la grammaire des langues d'où vient la théologie, comme les expositions des Saints; parce que l'on ne sait ni les mathématiques, l'optique et la perspective, ni les sciences physiques et naturelles, ni l'alchimie, ni la morale; parce que l'on use de sciences sans valeur, grammaire des Latins, logique, philosophie naturelle prise en ce qu'elle a de moins précieux (*viliorem*) et d'une seule partie de la métaphysique, qui ne procurent, ni les unes ni les autres, le bien de l'âme, celui du corps ou celui de la fortune. Il y a plus encore, c'est que les théologiens ignorent même ces quatre

sciences qui pourraient être à leur disposition, grammaire
des Latins et logique, philosophie naturelle et métaphysique.

Comment convient-il donc de procéder? D'abord il faut se
rappeler qu'il n'y a qu'une seule sagesse qui soit parfaite et
qui est tout entière dans les lettres sacrées; qu'il y a une
science maîtresse de toutes les autres, la théologie. Mais,
pour expliquer et exposer la sagesse qui est dans les Écritures, pour mettre la théologie à même de produire tout son
effet, il est absolument nécessaire de recourir à la philosophie et aux autres sciences comme au droit canon. La philosophie, spéculative ou morale, ne se propose-t-elle pas de
nous conduire, par la connaissance de la créature à celle du
créateur, de nous amener à honorer celui-ci, à lui obéir en
établissant de bonnes mœurs et des lois utiles pour vivre en
paix dans cette vie et se préparer à la félicité future?

D'ailleurs l'origine de la philosophie montre quelle place
elle doit tenir dans les préoccupations du théologien. A
quatre reprises différentes, elle s'est produite dans le monde.
En même temps que la loi divine, elle fut révélée aux Patriarches, puis à Salomon. Par les livres sacrés qu'ils con-
nurent — comme l'affirme le *Liber secretorum* attribué par
Roger Bacon à Aristote —, par l'inspiration divine « qui
illumine tout esprit venant en ce monde », les Chaldéens et
les Égyptiens, les sages et les poètes, puis les Ioniens et les
Italiens, Socrate et Platon furent initiés à cette philosophie
que les patriarches avaient connue dans son intégrité : Aristote, puis Avicenne eurent une philosophie suffisante, mais
incomplète parce qu'ils étaient infidèles. Parfaite chez les
Patriarches et chez Salomon qui avaient la loi divine, la philosophie fut suffisante, mais imparfaite chez Aristote et chez
Avicenne, qui ignoraient cette loi.

Quant aux Latins, ils n'ont rien de comparable, même de
loin, à ce que nous offrent les Grecs et les Arabes.

De ce point de vue et en tenant compte aussi des résultats
fournis par l'astronomie, Roger Bacon établit une classifica-
tion curieuse des six sectes principales entre lesquelles se

partage le monde. La loi de Vénus ou des Sarrasins, n'a pas
la vérité, parce qu'elle admet la délectation du péché. Il en
est de même de celles des Égyptiens et des Chaldéens qui
enseignent à adorer la créature. La philosophie leur est su-
périeure, parce qu'elle condamne le péché et s'oppose à
l'adoration des animaux. Moins éloignée encore de la vérité,
la secte des Juifs ne doit pas cependant, comme le christianisme, son origine au fils d'une vierge. Elle n'est pas confir-
mée par autant d'écritures authentiques et elle n'a pas non
plus tous ces nobles articles qu'on rencontre chez les philosophes. Il convient donc de réserver le principat à la loi du
Christ. Accordons d'ailleurs, dit-il souvent, que les infidèles
qui abusent de la philosophie pour leur damnation ne l'étu-
dient pas avec fruit. Mais si elle se propose un quintuple but,
aider la sagesse divine, être utile à l'Église, servir à diriger
la république des fidèles, à convertir les infidèles et à combattre par ses raisonnements, mieux que par la guerre à
main armée, ceux qui se refusent à la conversion, il est
incontestable que les théologiens sont dans l'impossibilité
absolue de s'en passer. S. Augustin ne dit-il pas que l'or de
la sagesse des philosophes et l'argent de leur éloquence
doivent être, par les chrétiens, réclamés à ceux qui les pos-
sèdent injustement? Et tous les docteurs sacrés ne sont-ils
pas en cela d'accord avec S. Augustin?

Et cependant l'on conteste que la philosophie soit utile et
nécessaire pour comprendre la loi, pour l'expliquer et la défendre, pour la prouver, la communiquer et l'étendre. C'est,
dit-on d'abord, contraire à ce qui s'est fait et se fait encore,
exemplata, consueta et vulgata. Mais, répond Roger Bacon,
l'autorité — celle qui vient de gens orgueilleux, soucieux de
leur renommée et hypocrites, non de Dieu, des saints, des
prophètes ou des philosophes — la coutume, le préjugé po-
pulaire, la présomption de notre propre sagesse, conséquences
du péché originel et des péchés ordinaires, sont, d'après
l'Écriture et les saints docteurs, d'après le droit canon et les
philosophes, les causes de toute erreur et de toute imperfec-

tion. Puis les sages, philosophes ou saints, se sont toujours séparés de la multitude, de la coutume et des exemples vulgaires. Même l'homme n'atteindra la vérité complète que quand il verra Dieu face à face. La vérité est une et les erreurs sont infinies. Il y a moins d'hommes parfaits que de nombres parfaits et l'on trouve une plèbe, un vulgaire chez les chrétiens comme chez les païens et les infidèles, chez les étudiants comme chez les maîtres, chez les philosophes comme chez les alchimistes et les théologiens.

On dit encore que les saints n'ont pas, à l'origine, usé de la philosophie comme la veut employer Roger Bacon, et que nous devons nous en tenir à leur jugement. C'est, répond Roger Bacon, que les sciences ne furent pas alors traduites en latin et qu'elles ne le sont pas encore. Mais ils ne les ont pas condamnées. S'ils ont sévèrement apprécié la mathématique, c'est la mathématique qui est une partie de l'art magique — en quoi ils sont d'accord avec les philosophes — mais ils ont approuvé la vraie mathématique ; ils l'ont enseignée et, par elle, ils ont exposé l'Écriture.

Objecte-t-on que les Saints, que Gratien et d'autres en foule critiquent tout ce qu'il avance ? Il en a toujours été ainsi, dit-il : Aaron et Marie ont blâmé Moïse ; des saints et des sages ont attaqué la Vulgate que tous acceptent maintenant ; on a condamné, à Paris et à Rome, la Physique et la Métaphysique d'Aristote, dont on tire aujourd'hui une doctrine saine et utile ; les Juifs ont crucifié le Christ. Seule sa mère a eu la foi droite et absolue.

Rien d'étonnant, dès lors, à ce que l'on n'ait pas admis, de tout temps, les vérités philosophiques. En outre la philosophie dirigeait alors le monde, elle lutta contre le christianisme et fut considérée comme une ennemie. On la confondit avec l'art magique qui avait fait beaucoup de mal à l'Église, puisque les infidèles lui attribuaient les miracles des saints. Enfin Dieu voulut être seul, tout d'abord, garant de la religion. La philosophie fut méprisée à cause de ceux qui en abusaient et ne reconnaissaient pas sa fin véritable, la vérité chrétienne.

Aujourd'hui la foi dans le Christ est introduite, la puissance de la magie est détruite. Il faut donc faire appel à la philosophie. Mais les théologiens n'en useront que si le pape les y oblige.

Reproche-t-on à Roger Bacon de louer et de critiquer les personnes et les œuvres? Il ne saurait montrer autrement la vérité. Affirme-t-on qu'il y a une philosophie complète en latin, qu'elle existe chez Albert le Grand ou Alexandre de Halès? Bacon répond qu'ils ont fait grand tort à la théologie, que leurs volumes, vingt fois trop gros, sont infiniment vains et puérils (*vanitas puerilis infinita*), ineffablement faux (*falsitas ineffabilis*) et qu'ils laissent de côté des parties d'une utilité magnifique et d'une immense beauté.

Pour la théologie et pour la philosophie, il faut recourir à l'expérience intérieure, illumination par laquelle Dieu donne l'intelligence des vérités sacrées de la grâce et de la gloire; à l'expérience sensible, qui pénètre les arcanes de la nature et de l'art. En plus, il faut consulter tout à la fois les Livres saints, les écrits des Pères et des philosophes. Pour les comprendre, il est nécessaire d'étudier les langues et les mathématiques, la science expérimentale et l'alchimie souvent réunies, la morale, dont la connaissance est indispensable aux théologiens et aux philosophes. C'est à rendre évidente cette affirmation que sont employés, en bonne partie, les trois grands ouvrages de Roger Bacon.

S'agit-il des langues? Avec raison, Émile Charles a considéré Bacon comme un des fondateurs de la grammaire comparée et aussi de l'exégèse sacrée.

D'un côté, il a vu et bien montré qu'il faut au théologien et au philosophe la connaissance du grec, de l'hébreu, de l'arabe et du syriaque; qu'au premier comme au second, il est indispensable de lire les textes et que, pour cette lecture, il faut des textes bien constitués. Si l'on objecte que ni les uns ni les autres ne pourront tous y arriver, il en demeure d'accord, et, s'appuyant sur sa théorie très aristocratique de la pleine connaissance, possible seulement pour un petit nombre d'hommes, il lui suffit qu'on en fasse une obligation à quelques-uns, pour que tous en recueillent les fruits.

D'un autre côté il se rend admirablement compte des conditions qu'il faut imposer à l'interprète : il doit, dit-il, connaître la science dont traite le livre à traduire, savoir la langue dans laquelle il est écrit et celle dans laquelle il veut le faire passer. De ce point de vue tout moderne, il lui est facile d'établir qu'il y a une foule de mauvaises traductions. Elles sont l'œuvre d'écrivains qui ignoraient les sciences ou les langues, ou bien elles proviennent d'une collaboration entre des hommes qui savaient le latin mais ignoraient l'hébreu et le grec et des hommes qui ne savaient que fort mal l'hébreu ou le grec, « parce qu'ils avaient perdu la sagesse de Dieu et la sagesse de la philosophie », et qui étaient complètement étrangers au latin. Entre tous ces traducteurs, Boèce seul a connu pleinement le pouvoir des langues, Robert Grosse-Tête a connu pleinement le pouvoir des sciences. Et Roger Bacon ne cite personne qui ait eu une connaissance complète ou même suffisante des langues et des sciences !

Non seulement les traductions qui existent sont mauvaises, mais il y a une foule d'œuvres qui n'ont pas été traduites. Bacon cite celles de S. Basile, du Pseudo-Denys l'Aréopagite, de Jean Damascène, dont nous connaissons des versions latines, auparavant faites et probablement inconnues des hommes du xiiie siècle !

Bacon n'est pas moins explicite en ce qui concerne les sciences et la morale. Les arguments, les faits, les autorités se pressent pour montrer et démontrer à Clément IV quel intérêt il y aurait pour l'Église à les étudier d'une manière approfondie et en enrichir la théologie. On sait généralement quelle importance il attache, en ce sens, aux recherches expérimentales. Nous nous bornerons donc à résumer brièvement ce qu'il dit de la mathématique et de la morale.

Toute science, dit-il, a besoin de la mathématique, comme le prouvent l'autorité, la raison et l'exemple des sages qui l'ont tous cultivée avec soin. Nécessaire pour les choses de ce monde, qu'il s'agisse de la terre ou du ciel, elle est surtout utile pour les choses divines.

D'abord, en effet, l'on ne peut savoir la philosophie si l'on ignore la mathématique, et la théologie si l'on ignore la philosophie : le théologien doit donc connaître la mathématique. Puis le théologien doit encore la connaître, parce qu'il doit être instruit de toutes les choses créées, que Dieu a mises dans le texte sacré. Enfin il en est de même pour le sens spirituel, que l'on doit établir en tenant compte du sens littéral. Celui-ci porte sur la connaissance des natures et des propriétés des créatures ; le sens spirituel en sort par des ressemblances et des rapports convenables. D'ailleurs les patriarches, maîtres de tous les hommes, ont trouvé la mathématique, en même temps qu'ils nous ont donné la loi divine et qu'ils ont vécu très saintement. Qu'ils se soient occupés de mathématique, c'est ce dont témoignent Josèphe, S. Jérôme et les philosophes, les docteurs et les saints, comme Albumazar, Ptolémée, Cassiodore, Origène, Augustin, etc. Docteurs et saints ont enseigné la mathématique pour qu'on fût prémuni contre les hérétiques; ils ont exposé les vérités théologiques par la vertu de ces sciences ; ils ont affirmé qu'elles valent pour toutes les choses divines et, par cela même, ils les ont placées au dessus de toutes les autres sciences.

En passant aux recherches propres à la théologie, on voit sept raisons d'affirmer que la mathématique leur est nécessaire, pour la connaissance du ciel, pour celle des lieux du monde, des temps et des figurations géométriques, des nombres et de la musique. Successivement Roger Bacon montre que l'astronomie, la chronologie, la géographie, la géométrie, l'arithmétique et la musique sont absolument indispensables pour comprendre la Sainte Écriture, pour en saisir le sens littéral et par suite pour en déterminer le sens allégorique.

Quant à la morale, c'est la meilleure et la plus noble de toutes les sciences nécessaires à la philosophie et à la théo-

logie, car elle seule détermine les rapports de l'homme avec
Dieu, avec son prochain et avec lui-même, elle seule s'oc-
cupe du salut et procure la vertu et le bonheur. Elle a le
même objet que la théologie et donne à la foi de précieux
témoignages. Écho lointain de ses principales vérités, elle
est un auxiliaire puissant de la religion. Aussi Bacon s'étonne-
t-il que les chrétiens négligent de consulter l'antiquité qui
leur fournirait d'excellentes doctrines et qui constitue un
terrain commun, une théologie profane où Grecs, Latins et
Musulmans peuvent se rencontrer. Même les philosophes
anciens, Aristote, Sénèque, Cicéron et bien d'autres, sont
supérieurs en moralité aux chrétiens : nul homme, après
avoir lu leurs ouvrages, ne serait assez absurdement entiché
de ses vices pour ne pas y renoncer sur le champ. C'est
pourquoi aussi il faut consulter leurs autres ouvrages, ceux
qui traitent de politique et ceux qui traitent des autres
sciences dont la culture n'a d'autre but que la morale.

Roger Bacon ne sépare pas d'ailleurs la morale de la métaphysique, identique pour lui à la théologie. L'une et l'autre
s'appuient sur les principes suivants : 1° il y a un Dieu;
2° l'existence de ce Dieu est connue de tout homme par ses
facultés naturelles ; 3° sa puissance, sa bonté sont infinies
comme sa substance et son essence ; 4° un en essence, il est
triple sous un autre rapport ; 5° il a créé et gouverne toute la
nature ; 6° il a formé, outre les corps, des intelligences ou
des anges dont le nombre et les opérations concernent la
métaphysique, dans la mesure où la raison humaine peut en
connaître ; 7° il a créé des substances spirituelles, des âmes
raisonnables ; 8° il y a une vie future ; 9° Dieu gouverne le
genre humain par rapport aux mœurs ; 10° il y a des peines
et des récompenses après la vie ; 11° Dieu a droit à un culte ;
12° l'homme doit être juste envers son prochain, honnête
dans sa propre vie ; 13° c'est la révélation qui enseigne à
l'homme le culte qu'il doit à Dieu, ses devoirs envers les
autres et envers lui-même ; 14° le Pape est le médiateur de
la révélation ; c'est le législateur et le prêtre suprême ; toute

puissance lui appartient dans l'ordre spirituel et dans l'ordre temporel.

De toutes ces assertions, Roger Bacon demande la justification aux philosophes. En eux l'illumination intérieure remplace la révélation. Avicenne, Platon, Aristote et Théophraste, Sénèque et Cicéron, Apulée et Algazel sont ainsi tour à tour invoqués. Sans doute Roger Bacon donne, de ces doctrines anciennes, une exposition qui nous les présente tout autres qu'elles ne nous apparaissent aujourd'hui. Mais il ne faut pas oublier qu'il y avait alors bon nombre d'œuvres apocryphes que personne ne songeait à retirer à Sénèque, à Aristote et à bien d'autres. Telle est la célèbre correspondance de Sénèque et de S. Paul, sur laquelle repose la légende du christianisme de Sénèque. Tel encore le *Liber secretorum*, où le Pseudo-Aristote fait venir toute sagesse de Dieu : *Omnem sapientiam Deus revelavit suis prophetis et justis et quibusdam aliis... quos præelegit et illustravit spiritu divinæ sapientiæ et dotavit eos dotibus scientiæ... e quibus philosophi originem trahunt.* Et il faut se souvenir en outre que bon nombre des docteurs chrétiens ont fait de très larges emprunts, directs ou indirects, à Plotin dont le système constituait la synthèse, d'un point de vue mystique, de toute la philosophie antique [1].

V

Si donc l'Église s'était engagée dans la voie indiquée par Roger Bacon, deux résultats considérables auraient été obtenus.

D'abord les théologiens eussent été obligés de partir des textes, non des commentaires ou des expositions et même des traductions qu'ils tiennent de leurs prédécesseurs. Ainsi ils auraient acquis une connaissance sans cesse grandissante des langues dans lesquelles ont été écrits les livres

[1] Voir notre *Esquisse d'une histoire générale et comparée des philosophies médiévales*, Paris, Alcan.

saints ou les œuvres qu'il leur importe de connaître pour les comprendre, hébreu et grec, arabe, syriaque et latin. Ils auraient dû examiner l'antiquité des manuscrits pour en déterminer la valeur, puis les comparer, pour constituer le meilleur texte possible, au point de vue de la langue et de la pensée. Et s'ils avaient songé à en exposer la substance, soit dans le latin médiéval, soit dans les langues vulgaires, français, italien, espagnol, allemand ou anglais, ils auraient encore tâché de suivre l'excellent précepte de Roger Bacon, pour qui le traducteur doit posséder la science des choses dont il veut parler, la langue dans laquelle elles sont écrites et la langue dans laquelle il veut les faire passer.

Puis le théologien aurait étudié toutes les sciences dont Bacon lui avait signalé l'importance. Tout au moins il eût pris soin de réunir tous les résultats auxquels elles aboutissent, pour avoir du monde sensible une connaissance aussi adéquate que possible, indispensable tout à la fois pour l'explication littérale du texte biblique et pour la constitution du monde intelligible, auquel il procède par l'emploi de l'interprétation allégorique. Peut-être la théologie fondée ainsi sur une critique et une exégèse de plus en plus sévères et minutieuses, sur des connaissances scientifiques de plus en plus exactes, aurait-elle suivi une marche évolutive qui n'eût pas convenu à quelques-uns de ses représentants actuels dans le monde catholique. L'autorité pontificale eût probablement suffi d'ailleurs à les maintenir dans l'Église. Mais il semble qu'il n'y eût pas eu de place pour une Renaissance parfois hostile au christianisme, pour une Réforme qui se séparât complètement du catholicisme. Il semble qu'il n'y aurait jamais eu rupture complète ni guerre ouverte entre les théologiens et les purs historiens ou savants. Et les théologiens, comme les historiens et les savants, auraient pu contribuer, d'une façon continue et parfois considérable aux progrès de la critique historique et de la découverte scientifique.

C'est pourquoi il nous a paru intéressant d'appeler l'attention sur un Bacon exégète et théologien, dont l'originalité ne le cède en rien à celle du savant et du théoricien scientifique. De celui-ci on n'a nullement exagéré la valeur, mais on a diminué le penseur en laissant dans l'ombre le chrétien qui voulait faire servir les progrès de la science au développement de la religion : on a rendu inexplicable l'apparition de cet homme de génie, en ne considérant en lui que ce qui le rattache aux modernes, sans tenir compte de tout ce qu'il a de commun avec ses contemporains du xiii° siècle[1].

1) Cet article a été communiqué d'abord sous forme de Mémoire au Congrès international de l'histoire des religions à Bâle, puis, après une révision complète, à l'Académie des sciences morales et politiques.